거울이 설레다

최순옥 첫 시집

• 본 도서는 2024년 부산광역시, 부산문화재단 〈부산시문화예술지원사업〉으로 지원을 받았습니다.

가슴에 내리는 시 139

거울이 설레다

지은이 최순옥
펴낸이 최명자

펴낸곳 책펴냄열린시
주소 (48932)부산광역시 중구 동광길 11, 203호
전화 010-4212-3648
출판등록번호 제1999-000002호
출판등록일 1991년 2월 4일

인쇄일 2024년 5월 28일
발행일 2024년 5월 30일

ⓒ최순옥, 2024. Busan Korea
값 12,000원

ISBN 979-11-88048-94-6 03810

• 저자와 협의하여 인지를 붙이지 않습니다.
• 잘 못된 책은 바꿔 드립니다.
• 이 책의 내용 중 일부 또는 전부를 저자 및 출판사의 동의없이 사용하지 못합니다.

자서

거울 속에 나를 꺼내 이사를 보낸다.

그곳에 작은 창문을 만들어 아침 햇살에 부신 눈을 뜨고 밤에는 눈썹달과 별들도 내 창문을 노크해 주면 좋겠다.

첫 시집을 출간하기까지 도움 주신 스승님께 감사를 드리며 가장 고마운 내 사람은 오직 마음속에 간직하고 있으련다.

2024년 5월
최순옥

자서…3

목차…4

제 1 부

나를 찾아서…11

나의 사랑은…12

겨울 강물이 봄에게…14

등꽃 아래 그리움을 벗다…15

양지꽃에 눈을 맞추다…16

문을 열고…18

고층 아파트와 까치…20

거울이 설레다…22

배꽃 접…23

봄 뜰…24

잃어버린 시간…25

봄볕 울타리…26

푸른 못을 박고…28

풍등을 띄우다…29

독거…30

봄비…31

약을 먹다…32

사파이어 녹색 부전나비…34

우산 발자국…36

제 2 부

장미에 끌리다…39
비가 전하는 말…40
반딧불이 얼굴…42
그늘막…44
열대야를 지내며…46
안개 머문 자리…47
전기 나간 밤…48
직녀에게…49
팥빙수를 먹으며…50
파도 소리를 보다…51
판도라…52
폭풍주의보…53
푸른 멀미…54
행간을 걷다…56
혼자 울다…58
나비 춤춘다…60
핸드폰을 끄고…62
능소화 꽃 기침…63

모소대나무의 신발…64
주소 불명…66

제 3 부

나팔꽃 손을 잡다…69
눈물이 별을 키운다…70
변죽을 걷다…72
어둠을 읽다…73
길 끝에 앉아…74
막차…76
내게 오지 않는 것들…78
모래시계…79
까치밥…80
백지 앞에서…81
눈치 없는 나뭇잎…82
낙엽을 줍다…84
다리 위에서…85
달리는 구름 기차…86
묘박지…88
산 번지 집…89
월식…90

햇살…92
가을 언덕을 넘어…93
무빙워크…94
젖은 단풍…96

제 4 부

도솔길에서…99
나의 백지 앞에서…100
바위손…102
책방 골목…104
선글라스…106
바람 손을 잡고 귀가…107
질경이…108
꽃을 마시다…110
무도회장…112
회룡포…114
물티슈의 고백…115
살다보면 부득이…116
사그랑 주머니…118
책을 덮고 책을 읽다…119
임종…120

울타리를 치다…122
화아분화…124
퇴근길…126

□ 해설/아직도 별을 쫓는 소녀이고픈-강영환…127

제 *1* 부

나를 찾아서

당신이 봄이라고요?
나는 봄을 기다리는 아네모네이네요
당신을 좋아하는 노랑나비이어요
그 봄에게 달려가는 나

그래요 봄이 오고 처음 노랑나비를 보면
행운이 온다고 들은 적 있어요
아주 어렸을 적에

이렇게 나이 들어도
봄 되면 노랑나비를 눈에
먼저 담으려 하지요

높은산노랑나비
맑은 흰 손이 부르는 구름
그 아래 봄 물길 트이고 아네모네 피어요
봄, 참 좋지요
아. 네. 모. 네.
당신이 봄입니다

나의 사랑은

가슴 한 켠에
나래 고이 접어 간직한 모시나비
억만년 빙하를 견디며
달빛 한 올 한 올 엮어 짠
옷 한 벌 준비한다

월산 눈썹달 기다림에 지쳐
서녘 하늘에 하얗게 쓰러지고
텃밭에 냉이꽃 줄기 세우는 날

다시 고이 접은 날개
심장에 피로 돌게 하고
몇 광년을 별빛으로 달려
눈산 넘어 흰 머리카락
아지랑이로 피어날 때
모시나비 심장 속 나래
고이 펴 꽃등에 내려앉으리라

정향풀 비취색 별꽃에 앉아

〈
우리에게 사랑할 시간은 나흘
불꽃으로 타올라
억만년 빙하를 녹여
은하수로 흐른다

겨울 강물이 봄에게

입 큰 사내, 뭔 말만 하면
얼음을 쩍 쩍 가르며
자기가 옳다고 쇳소리 낸다
눈이 큰 여자, 때 없이 찾아오는
갱년기를 앞세우고
울컥함이 맞장구친다

여보와 이야기를 하면
철 수세미로 가슴을
팍 팍 문지르는 것 같아요
얼음 이불 속에서
얼어붙지 못하고 자그랑
진주 구슬 소리를 내며
손잡고 낮은 곳으로 흘렀다

겨울이 몸을 푼다
돋을볕 강물을 데우면
강물은 스웨터를 벗어
살그레 잘그레 털실 풀고 있다

등꽃 아래 그리움을 벗다

등나무꽃 그늘 아래
가만히 누워 본다
흔들리는 나뭇잎 사이로
청자빛 하늘이 숨바꼭질한다

팔이 저리도록 매달려 있는 등불
보랏빛 꽃등으로 길을 밝히고
꽃등마다 밀어들 포도송이로 열렸다

천사가 내려오나
겸손하게 맑은 향기 아래로 흘리며
보라색 꽃 타래가 가슴으로 들어와
설레임을 놓고 간다

바람은 콧등을 간질이고
꽃송이들은 종소리로 귓가에 속삭인다
닿으면 부서지는 불빛 한 자락
등나무 꽃등 아래 벗어 놓고
한 계절을 넘는다

양지꽃에 눈을 맞추다

범어사 가는 오솔길
그늘을 피해 낮게 터를 잡고
작은 얼굴 내밀고 있는 양지꽃

보송한 솜털
햇빛 아래 웅크린 자세
봄색이 입맞춤할 만하다

남산 제비꽃이 불렀나
손을 흔들고 있구나
나는 걷던 길 멈추고
키 낮추어 눈을 맞춘다

노란 미소로 보는 눈빛 속에
은하수가 흐른다
조그만 갈래머리 소녀
나는 양지꽃 친구 되어
눈 맞추어 놀다 해지는 줄 몰랐다

〉
내 마음 속 양지꽃이
노란 햇살로 피어 있다
오솔길 가슴이 따뜻하다

문을 열고

해밀의 고운 아침
매화 나뭇가지에 봄이 앉았다

창문과 함께 마음을 연다
햇살은 방 안 가득 미소로 밀려들고
뜨락엔 새순들이 귀를 연다

겨우내 감추었던 몸 밤비가 불렀는지
세수한 돌나물 맞잡은 손들이 앙증맞다

텃밭에 씨 뿌려 놓은 봄동
손바닥만큼 자란 잎만 따서
참기름, 매실 액 조물조물
머위 잎 살짝 데친 샐러드 한 접시
식탁 위 된장찌개 김이 춤을 춘다

분주히 차린 봄 향이 미소로 다가와
남편에게 말했다

〉
"행복해요 이 순간이…"

"그래요
 이렇게 아프지 말고
 오래 같이 행복합시다"

고층 아파트와 까치

춘분 지난 날 하오
해송 꼭대기 까치 부부가 둥지를 보수한다
둔덕에 나뭇가지 물어 나르기를 오백 번
태풍에도 끄떡없는 집이다

햇살은 건너편 타워팰리스를 지나
미켈란쉐르빌 유리창 거울에 얼굴 한번 비춰보곤
화살같이 서쪽으로 간다

뒷산 뻐꾸기가 떡국 떡국 개개개
탁란을 준비한다

바람이 널뛰기하다 산발한 머리카락 입에 물고
아파트 공사장을 돌아와 소문을 푼다

아카데미스위트라든가 아이파크라든가
사십층 "사"자가 있어 갱폼이 무너져
몇이 죽고 몇이 행방불명이라고...

〉
이십대 일용직 사십구층 아파트 유리창을 청소하다
로프가 끊어져 숨졌다고
일도 안 한 높으신 양반 자제는
산재라고 오십억을 받았다더라

소문 보따리 입에 거품 물고 털어놓고
눈시울 붉어져 노을 속으로 날아갔다

해송 까치집이 고요하다

거울이 설레다

거울은 마법사다
머리에서 꼬부라진 새끼발가락까지
길어진 속눈썹에 면봉을 얹고
입꼬리 살짝 올라가는 것을 알고 있다

젖은 머리를 말리며
안타까이 빠져나가는 머리카락을
한 올 한 올 손바닥에 버리고
모자 속에 비밀을 잠근다

그대 마법은 파도 같은 것
파도가 켜는 현은 높았다 낮았다
온몸 간지럼 태운다
그만 숨김없이 다 말한다
단추를 풀고 옹이 쓰린 속을 내 보인다

마법이 쓸고 간 그 자리
하늘이 맑다

배꽃 접

봄이 단추를 끄른다
눈빛 흐르는 곳에 볕 드는 손바닥
밤바다 출렁거리는 가슴
구름 얼굴 붉어져 달빛을 가린다

아프고 흔들리는 내 어깨 위로
너에 흰 날개 기대어도 좋으리
눈사람 배아가 숨쉬는 순한 자궁

배냇저고리 배꽃 웃음 피우고
벌과 나비 다섯 손가락 깍지 끼자
밤하늘 은하수
조각배를 띄우고 노를 저어 가자

나는 나를 낳아
둥근 배를 안고 조금씩 하늘이 된다

봄 뜰

발자국 소리도 없이
새벽잠 고운 베갯맡에
하늘빛이 내려와 앉는다

맑은 샘물에 머리 감아 빗질하고
풀잎 단장한 뜨락에
명치끝이 아려오는 바람이 일면
맨살 터지는 하얀 손을 모아
기도로 꽃등을 피워 올린다

스란치마 정갈한 텃밭에
햇살이 웃고 가고
목마른 걸음이 서두른다
자목련 가지에 내리는
노을 한 자락

저물녘 뜨락은
어둠 보자기를 편다

잃어버린 시간

벚꽃비 쏟아지던 밤
금정산 노루귀는 잘 있을까
달빛은 긴 그림자를 삼키고
봄소풍 나온 아이
파랑 풍선 쥔 손 놓아버린 듯
빈손이 하얗다

봄 앞에서
꿈만 꾸다 놓쳐버린
키가 석 자였던 어린아이였을 때
새벽 창가
꽃향기 머금은 바람 한 줄
눈물로 맞바꿔 버리네

놓쳐버린 푸른 날이
모질게도 팔이 저리다
짧은 봄 밤
벚꽃비 잠들지 못한다

봄볕 울타리

금정산 오르는 둘레길
거북 등을 그려 놓은 산밭에서
봄을 캐어 비닐봉지에 담는다

나무 사이 뛰놀던 바람
간지럼 태워 굽은 발가락
입김으로 말리고 있다

까슬한 봄볕 한 장을 덮고
저려 오는 관절을 다독이는 시간
자라목으로 기다린 봄 날
부풀어 오른 흙무더기 부끄럽지 않다

하품이 꼬리를 물고 졸음이 쏟아진다
초록으로 몸을 풀려는 입덧
묵은 덤불 속 소녀 속살
씀바귀 머리 풀고 입맛 맞이 중이다

겨우내 웅크린 시린 무릎들

〈
볕 한 줌씩 고봉밥 담아 식탁을 차린다
긴 터널을 빠져나온 한뎃잠
이젠 꽃 피었다고 김 오르는 식탁 앞에
얼굴들이 모인다

푸른 못을 박고

통도사 서운암 가는 길
산문을 열고 들어서면
솔잎 끝에 수정을 매달고
영축산 정수리에서 미끄러지는 햇살
바람이 팔을 벌려 빛을 모은다

단단하게 몸을 세우기 위해
눈물처럼 다녀가는 비를 가슴에 담아
슬픔을 말리려 햇빛을 받아 든 손에
옹이가 박힌다

소나무는 산에 발을 뻗고 선 못
바람에 흔들리지 않는 푸른 늙은이
따뜻한 입김으로 상처를 다스리는 모성

가슴을 열어 하늘을 담는다
박힌 옹이는 두꺼운 옷을 입는다
무풍한송로 푸른 장삼 입은 노승
낮은 물소리 독경을 풀고 간다

풍등을 띄우다

대보름날 밤
빛을 쏘았다
어두운 하늘

눈뜨지 않은 사랑에도
심지 돋우어 불을 당기고
가득히 타오르는 불빛은
첫사랑이다

어둠속 허공에
몸을 태워 뿌리를 내리고
꽃을 피우는
숨죽인 열정이다

일어서는 몸짓들
간절한 마음 꽃등 켜고
민들레 평원을 지나
저편 더 높은 곳으로 솟아 오른다

독거

남가좌동 다세대 주택 지하 방
일흔다섯 탈북민 이덕평 씨 폭염 속 이슬로 졌다

가시 투구에 햇볕을 못 본 가슴이 시려
검은 외투 휘장으로 두르고 누웠다
곁에는 먹다 만 소주병이 눈물로 남아있고
가족 없는 숟가락을 일기장에 담아 놓았다

장례를 치러줄 개미 한 마리도 없는 처지를 알고
구청장이 장례를 마련하고
이웃들이 상주가 되어 마을 장을 치렀다

하얀 국화꽃 속에서 영정사진이 웃고
이웃들은 여비에 보태라며
봉투에 넣은 눈물 접어 향 피워 날려 보낸다

서녘 하늘이 붉게 물들고
개밥바라기별이 마중 나와 있다

봄비

여우비 내게로 온다
무릎에 앉는다
손등을 간지린다
긴 꼬리 귓불을 스친다
간지럽다

풍선 속에 몸을 숨겨
겨울 숲 지나온 길
돌고 돌아와 살랑거리며
귀엣말 흥얼거리며
숲 속을 날아다닌다

여우비 내게로 온다
팔짱을 끼고 걸어보라 한다
어느 길이던가
풍선은 자꾸 도망간다
붙잡아야 하는데
어떡하지 꼬리를 잡았는데
빈 손만 젖어 있다

약을 먹다

봄비 구슬 되어
거미줄에 매달렸다
풀빛 고기 넣어 줄까
별 무리 걸어 둘까
서성이는 달빛을 잡으려나

두통이 시작된다
봄 잔치 앞에서
구토와 어지러운 최면에 쫓겨
작은 알약을 삼킨다

믿기지 않아도
효험은 증명된 알약
신기하게도 잔뜩 기대고 싶다
뛰는 심장 잔물결 재울 때
고요한 미끼를 던지는 한 알
그 동그란 보석은 습관처럼
몸을 지배해 버린다

〉
한 알이 깃털이 되고
묵은 체기 가라앉아
봄을 맘껏 마셔도 되리
꼭 달고 다녀야 하는 부적이다

사파이어 녹색 부전나비

나비 푸른 깃털을 뽑아
병 속에 두었다
유리병 속 푸른 인형
코르크로 막고
밤 별빛과 밀어를 나누는
깃털을 베고 잠이 든다

붙잡으려는 날개가 아니야
가지려는 날개도 아니지
그대 날아오르는 날개로
볼우물 간지럽게 스치고 가는 뒷모습

날개를 가졌으니
아주 날아가 버리라고
난 괜찮아 조금도 외따로 있지 않다고
터뜨리는 활화산 거짓말을 쏟는다

병 속에서 꿈을 꾼다
겨드랑이에서 날개가 돋기 시작했지

〈
갑자기 마개를 밀치고
광속도로 달려
그만 껴안고 싶은 나비

푸르지만 파랄 수 없는
너는 꿈이다
있다 없다
빈 유리병 속

우산 발자국

우산이 걸어 나갔다
유리창에 빗금 긋는 빗방울 소리를 듣고
우산을 따라가 보려 하는데
발자국이 보이지 않는다

눈물을 우산 안에 숨기고 떠났다
심장에 꽂힌 화살을 빼어 들고
언제나 쉬지 못한 시계
잔주름만 늘었다

끈을 풀고
허리를 펴고
시간을 벗고 신발도 벗는다
맨발이 아프지 않게
눈빛 마사지를 한다

신발 속에 숨긴 시간이 살 시위를 당긴다
우산은 신발을 벗지 않고 방안에 돌아온다
발자국이 꽃잎을 찍는다

제 2 부

장미에 끌리다

봄 가는 옷깃 소리 들려
뜨락에 나가서니
울타리 타고 오르던 푸른 손들이
하나둘 붉은 깃발을 들고 일어선다

터질듯한 심장 소리에
놀랄까 봐 숨죽이며 다가서니
달콤한 향기 마술을 부린다

웃음소리와 울음소리는 같은 가슴이라며
그리움이 초록 한 벌 입고
울타리에 앉은 설레는 소녀
웃음 소리가 붉다

종일 장미 곁에 앉아
꽃말로 세설을 풀고
노을 함께 가는 붉은 심장
피 끓는 내 생명이여

비가 전하는 말

연못에 새벽비가 내려앉아
동그라미를 그리고
수련睡蓮을 깨운다

"눈을 뜨세요"

꽃잎에 진하게 입 맞춘다
고조곤하니 속삭이며 물풍선을 터뜨린다
금세 온몸이 간지러운 듯
데굴데굴 구르며
천년 만에 장난
그들만의 세설을 푼다

이어 내리는 빗줄기 사다리를 내리고
숱한 별들이 연잎에 은하수로 구른다

수련은 맑은 얼굴로 잎도 젖지 않고
아침을 깨우는 수정이다

〉
비가 내린다
내 마음속 티끌만 한 먼지도 씻어 내라고
깊은 곳까지 비워
수련 팔을 펴 하늘을 품으라 한다

반딧불이 얼굴

비 개인 저녁
하늘은 먹구름 한 조각
풀잎 목덜미를 밟고 간다

산밭 이랑 도라지꽃
슬프지 않은 눈물 달고 선다

지상이 하늘이다
별 흐르듯 구름 없이 어지러운데
짝을 부르는 무희들이 춤을 춘다

어느 모르는 왕국의 황녀인가
깊은 물고기 눈을 가졌으니
물가에서 생겨났을까
빛을 달고 온 별인가

숲에서 풀벌레 휘파람 분다
나는 걷는다
춤추는 무희들 날개에 감춰진

〈
가장 빛나는 문자를 찾는다
나도 날개 돋아 비상하는 별을 생각한다

바람이 마당 가 나뭇가지를 에워싸니
지난봄 떨어지지 않은 벚꽃
밝은 얼굴을 다시 본다

그늘막

팔월 한낮
경주 황오동 네거리 팔우정
건널목 한 켠에 우물 정자로 선 산개가
제 그림자를 내려놓고 있다

열어 두어 자유롭게 바람이 드나들고
바쁘고 고단한 걸음들이 잠시 머물다
자취도 남기지 않고 바람처럼 다녀간다

옛날 최국준이 아우 일곱과 함께
팔 형제 우애를 기념하여 세운 정자가 있었던 곳
거기 한 그루 무성한 고목이
오가는 사람에겐 즐거운 쉼터요
문장가 여름 강론이 더할 수 없이 즐거웠던 곳

지금은 흔적조차 없어지고
팔우정 로타리로 이름만 남아
천년 그리움이 내렸다가 타고 가는 곳
온몸 낱낱이 태운 그림자 하나

〈
그늘로 내어주고
바람 한 점 없는 그 길 위에
그늘막은 팥빙수로 다시 서 있다

열대야를 지내며

끝없이 땀을 짜내는 햇살
사과나무 가지에 앉아
붉은 입술을 잉태한다

뜨거운 가슴은 서쪽 하늘에서도 붉다
쓰러진다
밤이 되어도 어둠이 이기지는 못한다

숨 막혀오는 입김
한 올도 걸치지 않은 도도한 그녀
붉은 속살로 잠들지 못하게
포박해 오는 밤을 벗어나고 싶다

잘 익은 홍옥이 증표라 해도
귀뚜라미 세레나데
그대 손잡고 길을 나선다

안개 머문 자리

발자국마다 고요한 곳으로 떠돈다
쥐똥나무 가지 끝 거미줄에 물방울
수평선에 뜬 구름송이

숱한 낭떠러지 모서리를 보았다
미궁 속으로 빠져가는
발자국 지워진 자리마다
은빛을 품은 등허리로 감싼다

지상의 섬
아무도 알지 못하는 비밀을 안고
하얗게 덮쳐와
전설 속으로 달아나 버리네
비스듬히 바람 걸어와
은여우 꼬리 감추듯 사라지고

소리 내어 부르지 않아도
방금 세수한 햇살이 와 있다

전기 나간 밤

성미 급한 어둠이
거실에 들어와 앉는다
손을 뻗어
어둠 둥근 고리를 벗긴다

눈 뜬 더듬이 손
오래 전 감춰둔 비밀을 끄집어내
촛불을 켠다

작은 몸 소녀가
떨리는 기도 손 하얗게 태워
바닥 눈물까지 곡진하게 쏟는다

직녀에게

어둠 속으로 굴렁쇠를 굴리며 뛰어가
별에 빗장을 열고
별 속에 나를 밀어 넣자
조급하게 보고 싶은 그대가
숨차게 달려와 불빛도 없이
어둠을 안고 손이 풀어지지 않게
허리에 깍지 끼고 잠들고 싶다
작은 방에 함께 누워
창문으로 하늘 높이를 넘나들고
손을 뻗어 어두운 고리를 벗긴다
별똥별 하나가 달맞이꽃 앞에서
탁 탁 꽃잎을 연다

팥빙수를 먹으며

꽃잎 유리그릇에
얼음 갈아서 산을 만든다

얼음으로 뭉쳤던 미움도
뻐딱한 앙금도
숟가락으로 뒤집어 섞는다

기다렸던 침묵이 가시 돋친 목젖을 타고
부드러운 바람으로 다가와
눈물은 별이 된다

태양이 뜨거우면 어떠랴
너는 녹이고
나는 비우고…

파도 소리를 보다

해운대에는 동백섬이 있다
바다를 베개하고
별빛 쏟아지는 밤에
초록 파도를 당겨 이불 덮고
폭풍이 몰아치는 날에는
휘모리로 춤을 춘다
춤추다 지쳐 파도에 쓰러지면
죽은 듯이 바다에 눕는다
새벽이 잠을 깨우면 자리를 털고 일어나
소라 귀에 대고 썰물 소리 듣는다
동 터오는 해안 미역 손 춤을 추며
잠든 몸을 깨우는 동백섬
바다가 한가득 품 안으로 들어와 출렁이고
까멜리아 웃음 터지는 소리를 본다

판도라

상자를 열면
노래가 걸어 나오고
손가락 지휘 따라
암호는 밥이 되고
술이 되어 나온다

시간이 바람을 태우고 번개를 탄다

사람들은 하늘을 걸어 다닌다
낯선 이국 풍경 같은 거리에
바람을 일으키고
구름을 일으키고
파도를 일으킨다

누구 없소
흰 손을 잃어버리고
교신은 엇갈린다

밖에 누구 없소

폭풍주의보

오래전 집 나간 바람이
새벽 두 시 만취한 걸음으로
진동벨을 누른 듯 창문을 두드린다

취한 사랑 뇌성 치는 폭력 차도에 뛰어들고
은사시 나뭇가지를 흔들어
단단한 유리창을 깨뜨린다

생머리 풀어 헤친 바람난 파도
거품 물고 사정없이 달려들고
집채만 한 바윗돌 멱살을 잡아 후려친다
만선을 꿈꾸던 정박선들 항구로 모여들어
뭍에 손발을 묶어 놓고 낮게 엎드린다

바다는 밑바닥을 뒤집어 주면 풍어가 든다
하늘과 땅이 서로 자리를 바꾸어 보면
땅에도 별이 뜬다
새벽이 구름을 두르고 몰려 온다
타래난초 허리 꺾인 채 자리를 지켜낸다

푸른 멀미

바다는 화가 나면 밥상을 엎었다
문을 활짝 열고 마당으로 냅다 상을 던졌다
멸치가 소리쳤다

"바다 나빠요!"

순간 바다는 얼굴이 붉어져 집을 나갔다
식구들이 모두 잠든 후에
비틀거리는 게걸음으로 슬그머니 들어왔다

늦잠을 잔 바다
수평선이 함께 누워있고
바다에 비친 윤슬이 반짝이고 있다
몇 년 뒤 그 버릇이 또 도졌다

이번엔 주방에 끓여 놓은
가자미 미역국 솥을 공처럼 찼다
애써 끓인 국이 엎어져 속상해
가자미가 바다에게 고함을 쳤다

〉
"하늘이 미워요!"

바다는 순간 얼음이 되었다
부끄러워 고개를 숙이고 집 밖으로 나갔다
한밤중이 되어서 들어온 바다 앞에
가자미가 무릎을 꿇고 용서를 빌었다

"잘못했어요"

바다는 손사래 치면서
다시는 이러지 않겠다고
눈물을 흘렸다

행간을 걷다

안개 젖은 새벽 산길
초롱꽃 반기는 풀숲이 환하다

비 온 뒷날 산속 계곡에 앉아
금빛 일렁이는 물결 소리에 귀 기울일 때
노란 휘파람새 울음 샘물로 흐르고
개망초 고운 숲길
늙은 그루터기에 앉아 구름 튕기는 손가락

멈추어 서서
내가 가져온 시간 속 행간에서
마른빨래 다림질한다
사그락거리며 깔려오는 뻐꾹새 선율
'오빠 생각'을 부른다

해가 뜨고 바람이 부는 일처럼
소소한 가지가지 그리움은 별이 되어 반짝이고
책장을 펼치고 블랙커피를 마신다

〉
창가에 앉아 있으나 창문을 살짝 비켜나간
비어있는 공간마다
얼음을 깨고 세수를 하는 눈빛이 번쩍이는
행간을 빠져나온다

걷다가 쉬고 쉬다가 걷는
풀숲에 이슬이 진다

혼자 울다

비 오는 날
보도블록 틈 사이
새파란 아이 혼자 떨고 있다

비에 젖은 노랑머리
얼룩진 옷
흙투성이 맨발이 차갑다

어둡고 서늘한 하늘
비에 젖은 눈동자가 흔들린다

그칠 것 같지 않은 빗속에서
눈물은 자꾸 쏟아지고
사방이 빗물에 잠겨 드는 저물녘

괜스레 가슴이 저려
쪼그려 앉아 비닐우산을 받쳐준다
비에 떠내려 갈 것 같아
차마 돌아서지 못하고 있는데

〈
해맑은 인사를 건넨다

어두워지는 저녁
깨진 블록 사이 민들레
비를 맞고 울고 있는 어린 모습
슬픈 날 수채화다

나비 춤춘다
―공옥진

딸을 낳고 사흘 만에 전쟁이 터졌지
붉은 완장을 찬 사람들이 들이쳤제
헛간 짚 더미에 숨긴 몸을 죽창으로 찔렀다
피를 흘리며 끌려갔다가
육자배기 한 가락 뽑고 살아났제

나는 춤을 춘다
남동생은 벙어리
곱사등 조카딸 혼이
내 몸에 달라붙는다
붙어서 오장육부를 흔들어 대는 대로
몸을 맡기면 춤이 된다

춤판에 서면
구천을 떠도는 원혼들이 달려 들제
이승에서 풀지 못한 별들 한이
내 뼈마디를 옥죄어 오는데
몸이 가만있을 수가 없당께

〉
곱사 되어 곱사춤
문둥이 되어 문둥이춤
장님 되어 장님춤
몸이 온전치 못하다고
다 슬프게 사는 건 아니지
고통이 몸에서 풀려나는 게 춤인 기라
낮은 자리에 있어
높이 날개를 펴는 거라

하얀 나비 한바탕 하늘을 난다

핸드폰을 끄고

한바탕 산돌림 지나간 자리
월산 산비탈 한 모퉁이에
자리해 두었던 백학석을 찾는다
큰비에 흙이 허물어지지 않았나
쓸려 갔으면 어쩌나 했지만
맑게 단장한 옥잠화
작은 개울물 소리 있다

빈터에 돌로 울을 만들고
'우리 자리'라고 점찍어 놓았다

아내랑 함께 와서 쉬는 자리
옥비녀 쪽진머리 아내 닮은 비비추
여름 한철 이곳에 세를 들어
솔바람 소리, 물소리, 풀꽃들 숨소리
호반새 노랫소리 받아 적고 싶다

산이 그러라고 하는데
하늘이 주인이다

능소화 꽃 기침

교동 고택 담장 너머로
녹색 줄에 음표를 매단 입술이 내린다
파르르 떨며 손으로 가린 입술이
빗소리를 먹는다
서로 눈 맞추며
이마 짚어주던 부드러운 손길
빗속에 꽃잎이 젖는다

처음 떨리던 가슴으로 피워낸 꽃
캄캄한 밤 그대 오는 길에 꽃등 밝혔다
큰북을 치며 별빛 아래 춤추었다

소화가 몸살을 앓는다
하늘로 오르는 흰 머리카락
더이상 잡을 수 없는 벼랑
등불이 꺼지고 꽃들은
담 밑으로 몸을 던진다
붉게 온몸으로 운다
내가 운다

모소대나무의 신발

하늘에 닿기 위해 미투리를 준비한다

씨앗 한 톨 흙으로 그물코를 엮는다
어린 손가락 실핏줄 돋도록
꼬물거리며 부지런히 밤과 낮을 짠다

높은 곳에 이르기 위해
오랜 어둠을 거느리며 입술 깨물고
신발 깊이를 늘린다

십리가 넘도록 자궁 속 아늑한 신발
천사백육십일 가는 실로 뿌리 내려
밤낮으로 아기 발을 품은 흙이 엄마다

봄의 첫날
미투리 끈을 조이고
구리 빛 갑옷에 옥비녀
묵은 이끼를 뚫고 뿔을 내민다

〉
이제 나는 하늘을 향해 높이 오른다
몸을 비우고 올곧게 키를 키울 뿐
거친 바람이 부는 날엔 함께 춤을 춘다

죽 쏜다고 나를 뽑지 마세요
가장 낮은 곳에서 지탱하는 여문 신발
흙의 힘으로 높이 자라 숲을 이루고
푸른 어깨 춤사위 맑은 바람 일으킬레요

주소 불명

눈물을 쓴다
눈물은 가장 무거운 보석인데
풀고 또 풀어도
해독이 어려운 그것을
달콤한 눈빛 암호로 풀칠해
빨간 통에 편지를 넣는다
거짓말이라도 하듯 새빨간 우체통
경쾌한 신호로 눈물을 배달해줄까
문틈으로 사그락 떨어지는 마음에
비상이 들어 있는 줄
알 필요도 없이
딩동댕 바람 소리
태평한 너에게 전해질까
거짓말처럼 우체통은 편지를 먹는다

제 3 부

나팔꽃 손을 잡다

볼우물 패인 꽃을 만난다 저것 봐
동아줄 타고 하늘로 오르는 나팔
입은 노래를 부르고
연미복을 뚫고 나온 손가락이 지휘한다

바람은 아무도 모르게 뒤꿈치 들고 춤추고
꽃은 지휘 맞춰 나팔을 불지
누구보다 일찍 아침을 깨우는 꽃
이슬 한 모금 입술 축이고
시냇물 소리로 하늘을 오른다
나팔 소리 합창으로 피어나고
고운 햇살 곁에 와 앉는다
내 어깨에 앉은 그늘 두들겨 깨우고
박자는 틀려도 꽃길로 나선다

꽃이 핀다
가지 끝에 비춰 하늘
나를 피운다
네가 되어 별무리 뜬다

눈물이 별을 키운다

별빛은 어둠이 모여
살빛 조각들을 박음질한 눈물자국이다

별빛은 어둠을 걸어가는 길
개울가 물푸레나무 초록 눈을 틔우는 일이다

설해목 가지 바람에 흔들릴 때마다
참았던 눈물 쏟아 낸다

머루빛 눈에 밤을 담고
부르튼 발로 강물을 건너
새벽 강가에 닿는다

깊은 산 골짜기 생강나무
아린 봄바람에 눈물샘이 터져서
강물로 흐른다

눈물 흐르는 은하수
초록 아픈 상처를 품고

〈
까슬하게 입덧하는 가람

강에는 빛나는 별과 눈물이 있다
내 살이 녹아 있는 젖줄
흐르고 흘러 별을 키운다

변죽을 걷다

해운대 바닷가 비늘 돋는 시간을
저며내는 발자국 따라 파도가 부풀어 오른다

모래 위에다 함께 집을 짓고
파도 소리 선율 따라 해조류 서식하는
자리마다 은빛 별들이 쏟아져 내리는 밤
잡은 손가락 사이 모래알로 빠져나간 그대

다 받아 품어 안은 바다 그릇
무너지기 위해서 다시 집을 짓고 싶어서
손잡고 함께 누워 가슴에 들고 싶었지

아무도 모르는 비밀을 안고
버리고 올 것이 있어
길게 꼬리 드리운 머플러를
발자국 지우는 검은 파도 손에 묶어두고
오렌지 빛 가로등을 지나
빌딩 숲을 돌고 돌아 도망쳐야지

어둠을 읽다

어둠이 방을 가득 채운다
사방은 고요하다
열어 놓은 창문으로 별을 초대한다
고백하기 좋은 밤이다
별에게 사랑한다고 썼다
아니 미워한다고 썼다
한 문장을 써 놓고 눈을 부비고
한 연을 써 놓고 잠에 취한 나를 흔든다
내 속을 긁어내는 소리를 별이 듣는다
누구 때문에 잠을 떨친 밤을 새우며
내 이름을 부르고 있는가
빛 밝으면 별은 황급히 가버리지
나는 그런 별이 못내 아프기도 하여
내 가슴에 품기로 한다
설익은 글자 막 시작하는 햇사랑
밤새운 내 눈이 충혈로 물들지라도
까만 속 풀어 헤치고
산고를 기꺼이 맞이한다

길 끝에 앉아

나뭇잎이 출렁 흔들린다
잎을 흔드는 것은 바람이 아니다
나비가 껍질을 벗고
햇살에 나오려는 몸부림이다

높이 섰던 하늘에서 땅끝으로
잎새들은 길을 떠나고
날아갈 듯 말라버린 차가운 몸속에는
아기 눈꽃송이를 잉태하고 봄을 맞이하고 있다

끝은 새로운 시작을 준비한다는 말
나비는 번데기 속에서
혼자 힘으로 껍질을 찢고 나와야
날아오를 수 있다

벼랑 끝에 매달린 손가락
바람이 회오리쳐 돌아도
나비는 날아오를 거야

〉
저마다 가슴에 그늘 하나 안고 가는 길
일어나요
춤추어요
나리꽃은 피어나고
호랑나비 춤사위도 다시 일어나니까

막차

노을로 충혈된 눈동자가
위로 받고 싶어 이불을 덮는다
빈 의자마다 고된 숨결이 앉아
앞뒤로 흔들리고 있다

밤늦도록 막노동하시고
막걸리 한잔 하신 아버지가
땅거미 속에 큰 소리로 전화하신다
고장 난 테이프가 넘어가지 못하고
같은 노래를 계속 흘리고 있다

고단한 몸 쉴 곳
온기 나는 집으로 가는 시간
운전기사님
조용하라고 소리칠 만도 한데
거울로 힐끗 보시고는
앞길을 끌어온다

몸을 버스에 맡긴 사람도

〈
리무진을 타고 가는 사람도
소풍을 끝내고 가는 민들레 홀씨
바람 길을 알기에
눈에 별빛을 담는다

내게 오지 않는 것들

민들레 홀씨
날고 싶은 건 어디 너 뿐이랴
빈 발자국 걸어도 반겨줄 곳 있다면
빈 몸 날아가도 다가올 이 있다면

날아가고 싶은 곳 따라가리
들꽃 흐드러지게 피고
길조차 막혀버린 꽃길 따라
한없이 작아 버린 꿈을
다시 꾸게 하고 싶지

두통이 시작되는 밤
꽃잎들이 별을 끌어당겼다
어둠 속에서 별들은 눈을 떴다
날아가고 싶은 곳 어디인지
심장 가까이 걸어가 동무해 주면
너도 홀연히 떠나감을
다시 만날 봄날을 기다리면서
웃음 지으며 말해본다

모래시계

짧은 편지 속에
눈물 한 방울 숨기고
꽃잎은 버려졌다

멈춰선 시계
외면한 날이 오래되어
적막 속에 누워있다

시계를 버렸다고
시간이 멈춘 것은 아니다

동그란 유리 속을 나온 꽃잎
사막 별빛을 따라가고 있다

까치밥

금정산 둘레길 초입에
오래된 감나무 한 그루
잎새는 다 떨어지고
가지 끝마다 전등을 달았다
햇살이 순금으로 가지 끝에 놀다
산 그림자 내려오면
가을바람에 옷자락 숨기듯
몰려가서 별이 된다

그대 위해 남긴 불빛
기다림은 시리고 아프리라
찬 서리 가지 끝에 매달려
까치 아니 오고
까마귀나 동고비가 와도
심장을 아낌없이 내어주리
그런 뒤 첫눈이 오고
아직 남은 사랑이 있다면
이대로 검은 하늘 속에 묻혀
어둠을 쪼아먹는 별로 뜨리라

백지 앞에서

백지는 한 칸 방이다
시간을 축내면서도
나는 미안하지 않다
미완성 그림이면 어때
내일이면 여백을 채울 수 있지
기다림이란다

모래알에 미끄러진 파도
사납게 밀려 오는 밤이면
젖으면 되지

그래서 남겨두는 거야
빈 곳을 채우며
사랑초 꽃잎 하나 피우려는 거지
밤은 잠들어도 나는 깨어
단정한 편지를 써가는 거야

눈치 없는 나뭇잎

노을이 단풍 든다
단풍나무 아래 나무 의자
어둠이 내려앉으려는 데
별들이 먼저와 불을 피운다

지금은 안 돼
움직이지 마
그대로 있어 줘
슬픈 눈빛 보이지 않을 거야

온몸 실핏줄로 잡고 있던 손을 놓으면
한꺼번에 날아오를 붉은 나래
단 하나도 남지 않을 가슴속 울음을
그대 듣지 못했을까

이렇게 떠나려면
나도 모르게 그대 붙잡을지 몰라
눈물 참을 채비를 하는 동안만
그대로 있어 줄래

〈
제발

긴 그림자도 이내 지워지고
단풍 가지 꺾어 땅에 떨어진 별들을
찔러대는 눈물이 옷깃을 여미는데
바람 손을 잡은 그대
원을 그리듯이 춤을 추며
거센 동굴을 파고 있다

낙엽을 줍다

노을이 찾아드는 나무계단
고개를 떨구고 걷는다
가슴을 두드리는 망치질
그 울림 끝에다 현기증을 걸어둔다

길은 어지럽다
계단을 내려온다
긴 그림자를 머리에 이고
붉게 물든 신발을 벗어 지붕 위에 던진다

발을 구른다 푸른 날을 지나
구르며 춤추고 흘리는 눈물
구릉지대를 내달려
혼자 가야 할 겨울 벌판을 알기에
가을 한 닢을 주머니에 넣었다

나에겐 아직도
멀리 떠나보내지 않은
나뭇잎 한쪽이 있다

다리 위에서

봄이 풀어 놓은 햇살 아래
반짝이 옷을 입은 무희들 물 위를 걷는다
수영강변 거슬러 오르던 숭어떼가
반짝이 색동옷을 보고 좋아라
하늘 높은 줄 알고 박차 오른다

볼 붉힌 벚꽃잎 화르르
노 젖지 않고 종이배로 떠가다
다리 아래 여울에서 숨을 고른다
겨울 강 언 손을 입김으로 녹이며
봄 길 찾아 몸을 낮게 흐르자
바람 그녀가 제 갈 길 간다

풀 섶 봄까치꽃 한 무리가 별을 뿌리고 있다
그래 잠시 숨 한번 크게 쉬고
한걸음 늦춰 보는 거야
하늘 한번 보고
다리 아래 강물을 보는 거야

달리는 구름 기차

외따로 사는 눈빛 푸른 별 마을
그곳에 가려면 구름 기차를 타야 한다

햇볕이 창을 두드리지 않는 지하 방
젖은 가슴을 보자기에 말아서 메고
시멘트 계단을 걸어서 빌딩 숲을 지나면
미루나무 서 있는 간이역이 있다

새털구름 나를 싣고 하늘로 달린다
바람은 보자기를 풀어 햇볕에 가슴을 말리라고
휘파람 불며 솜사탕을 건넨다

가슴이 부풀어 오르는 뭉게구름
꽃구름은 별꽃을 한 다발 안겨주고
나비구름도 뜬구름 잡고 신이 난다

아차 선물을 사야지
보자기에 햇빛을 가득 담아
별 마을에 가져다주기로 한다

〉
머리맡에 하늘 바람 구름
햇볕 담은 빨간 보자기를 두고
푸른 별 마을에 닿을 때까지
꿈길을 달린다

묘박지

흰여울마을 지키는 바다
허리띠 푼 배들이 맨발로 누웠다
벼랑을 붙들고 선 해국이
멀리 낡은 배를 바라본다

파랑치던 물결이 멎고
찢어진 발자국 하나씩 기워온
바닷길을 읽어가는 수행자

어깨 위로 별들이 떨어진다
끊임없이 간지럼 먹이는 파도에
멀미도 하품하며 바람을 재운다

묘박지에서 바라본 흰 여울에
꽃들이 모두 하늘에서 피었고
신이 만든 정원에서 춤추는 나비, 나비…

봉래산 이마에서 별똥별이 포물선을 그린다

산 번지 집

금정구 범어사로 산20번지
호랑거미 주소다
상수리나무 우듬지 아래
맥문동 꽃가지 사이
거미줄을 뽑아 기둥 만들고
씨줄 날줄 엮어 기울어진 원을 짰다
문간에 맑은 수정 달아 놓았는데
손님은 아무도 없다

바람이 지나며 집을 힐끗한다
바쁠 것 없이 흔들리는 느슨한 끈
뒤꿈치 들고 꿀을 찾던 호랑나비
거미줄에 걸렸다
거꾸로 매달려 한나절 먹이를 기다린 허기
달려가 나비를 먹어 치운다
죽음 든 숲은 고요하다
거미는 먹이를 위해
허공에 집을 짓고
줄 위에 앉아 기다림을 삼킨다

월식

밤에 만난다
만나고 싶어서 입술이 마르고
가슴에 바람이 부풀어 둥글게 뜬다

부르튼 발이 달려온 어둠 속 긴 터널
네게로 스며들어 한 몸으로 죽고 싶어
밤 눈동자 깊은 어둠이라 말하고
입을 맞추고 늑대 이빨로 너를 삼킨다

둘러싼 구름이 흔들리고
별은 잠들기 위해 숨는다
창문 커튼이 실루엣으로 걸리고
달그림자 춤을 춘다
파고드는 가슴 붉게 물든다

나란히 징검돌로 서서
네게로 가 찰나에 없어진다 해도
우리는 한 몸에서 생겼나
눈을 맞추고 손을 잡고

〈
이마에 입술을 맞추고 싶어
어둠을 건너
네게로 가는 길

햇살

등을 보이며 가을이 가고 있다
허리춤에 햇살 한 줌 비집어 놓고
시린 바람이 살 속으로 들어와 앉는다
씨줄 날줄로 손잡고 물들던 꽃잎은
어디로 숨은 것일까

감기가 목도리 두르고 몸살을 앓았다
며칠이 지났는지 젖은 솜처럼 누웠는데
코끝으로 참기름 냄새가 왔다
시장을 봐와서 각시 먹이려고 전복죽을 끓여 와
햇살을 마주하고 먹으란다
죽 한술에 햇살 반찬 얹어 먹는다
속이 따뜻해 온다
비워진 그릇 속에 들어찬 햇살이 속삭인다

"아프지 말고 맛나게 살아"

가을 언덕을 넘어

단풍나무 잎새에 가을이 흐른다
겨울역으로 가는 기차에 붉은 바람을 싣고
가을 옷자락 물들인다

남겨두고 온 잎새 그리운 발자국
도깨비바늘 씨앗으로 붙어서
떨어지지 않고 매달려 있다
산등성이 자리한 바람 사는 집
구름 속에 눈물 꿰어 숨겨두고
억새풀 은빛 머릿결 풀고 달려간다

빨리 가려 하지 말고 가던 길 멈추어 서서
솔바람 소곤거리는 얘기 들어주고
언덕길에 앉은 쑥부쟁이 향기 온몸으로 마시자
서녘 하늘 돌아가는 노을에 조문하자

가을은 아픔도 용서할 수 있는 손수건
잎새에 달려있는 날고 싶어 몸부림치는 바람으로
가을을 안고 날고 싶다

무빙워크

"끝 지점에서는 카트를 힘차게 밀어주세요"

바람이 지키는 언덕만 넘으면
복숭아나무가 서 있는 사락사락 맛있는 집
샛고개 굴을 지나서 그곳에 간다

문을 열고
가슴을 편다
밝은 그림자를 볕살에 말리며
따뜻한 아욱국에 길을 말아먹고 나선다

가다 보면 주저앉고 싶을 때도 있고
돌부리에 넘어지기도 한다
그때 뒷심을 발휘하자

젖은 발자국에 물집이 터지고
다리가 풀어지는 끝 지점에서는
손바닥에 힘을 넣어 순간 번개를 친다

〉
가다 보면 한 층 한 층 별에 닿기 위해
손을 힘차게 뻗쳐야 할 때가 있다

사락사락 맛있는 집에 당도하는
막바지 언덕에서는
내 뒷심을 힘껏 밀어줄 참이다

젖은 단풍

범어사 오르는 입동
말갛게 얼굴 씻은 은행나무
목 놓아 울던 가슴 쏟았다

나뭇잎은 내리고 비는 마른 목을 적신다
홍시가 된 눈동자 나뭇가지에서 흔들리고
비안개 앞산 자욱이 설렘으로 감싼다
산골짝마다 숨긴 수줍은 가슴 헤쳐
멍울을 풀어 놓고 있다

비는 내리고 백팔계단 오르는 발자국소리
우산 속 합장한 손에 꽃보라 핀다
기도가 피어오르고
독경 소리가 아래로 고인다

다시 향으로 살아나는 숨결
붉은 수묵화 그리는 비안개
찬바람 견뎌온 가슴에 뿌리는
해탈에 닿는 꽃잎

제 4 부

도솔길에서

선운사 도솔길로 오는 가을
밥물 냄새 익어가는 들판
강아지풀 꼬리 흔들며 그림자놀이하고
뜨락에 들국화 말갛게 다투어 핀다

두 팔 보듬어 가슴에 가을을 안아 향기를 취한다
가을이 참 좋다
무지개 사랑 금새 이별을 말해도
이만큼 행복하면 되는 것을
자연을 닮고 싶어
그냥 하늘을 닮고 싶어

나이 든 억새풀이 태양을 품으면
더 눈부신 빛을 발하지
풀들 몸 부벼대는 소리는 바람의 노래
겨드랑이 파고드는 가려움
푸른 유리병 하늘에
눈물 구슬 꿰어 걸어 둔다

나의 백지 앞에서

나는 뜨락을 가꾸며 살고 싶었다
작은 연못을 만들고 하늘 한 자락 들여
뜰 안 가득 작은 숲속을 만들고 싶었다

담 없는 집에 마당 앞까지 들녘을 펼쳐 놓고
들풀에게 이름을 불러주며
함께 모여 친구로 살고 싶었다

봄이면 얼었던 개울가
바위틈 민들레로 살고 싶었다

여름이면 깊은 산속 옹달샘
시원한 풀잎 띄운 한 모금
정갈한 샘물로 살고 싶었다

가을이면 들녘 황토 위에 무리 지어
피어나는 작은 구절초로 살고 싶었다

겨울이면 쌓인 눈 위에 햇살이 내리고

〈
수정보다 더 반짝거리는 눈에
고요히 두 손 모은 기도 손
목련으로 살고 싶었다

숱한 나이테를 그리고
이젠 마음 한편에 마른 꽃잎으로 남아
억새꽃 흔들리며 하얗게 머리 풀고 싶었다

바위손

얼굴 큰 바위를 처음 만났을 때
그녀는 물방울이었다
동산東山 소나무 위로 쏟아지는 햇살
바위는 그녀를 오금쟁이에 앉히고
실바람에도 구를까 온몸 촉수를 세웠다

바위는 숨구멍을 열어두고
햇살에 눈부셔하는 그녀를
그늘 속으로 옮겨 안고 보살핀다

바위는 촉촉한 그녀가 함께 있어
자꾸만 웃음이 번진다
그녀는 자기를 품어주는 바위가 있어
밤이슬 함께 맞으며 웃었다

푸른 마음을 가진 숲에 솔향이 내리고
봄, 여름, 가을 그리고 겨울
속마음까지 닮아가는 그녀
바위에 손을 뻗었다

〉
몇 번의 겨울이 지나고
봄이 바람을 몰고
푸르디푸른 꽃을 피운다

책방 골목

바람이 불면
보수동 책방 골목에 간다
책방에는 서가에 꽂힌 책
누워있는 책
책탑으로 비스듬히 기운 책
선풍기를 쐬고 있는 책
새책과 같이 어우러진 헌책이 있다

보수동 책방 골목엔
오래된 책이 내뿜는 바람을 실컷 맛볼 수 있다
처음에는 그저 종이 냄새에 지나지 않았지만
책은 시간이 흐르면서 향기 난다
오랜만에 책장을 펼치면
멘톨 마냥 시원한 바람 향이 난다

방황하는 날에도
보수동 책방에 간다
아주 우연히 옛 짝사랑을 만나듯
한 줄 글에도 설렌다

〉
맘에 든 몇 권의 책을 사 들고
꽃동산 꿈을 꾼다
무지개가 끝없이 있는 줄 착각하고
책갈피에서 풍기는 종이 냄새를 맡으며
짙은 커피 향에 빠진다

선글라스

나는 흰색이라고 말하는데
너는 검은색이라고 말한다

누군가는 틀렸다고 우기지 말자
붉은 햇살을 두고 도망치지 말자

두근대는 등 뒤로 연인들의 차양 큰 모자
설명도 없이 새는 날아가고
하늘은 바람을 부른다

햇살은 바람
유리컵 물이 마르고 여름 한낮
꽃잎이 닫혔다 열린다

너는 타오를수록 즈려밟는
비밀이야기를 한다

바람 손을 잡고 귀가

바람 꼬리가 내 손을 잡는다
못 이기는 척 지하철을 보내고
온천천을 따라 그녀와 걷는다
사람들 발자국 소리
따라가는 강아지 소리
강물 소리
일제히 낙엽이란 책을 펴고
제 빛깔에 맞게 읽고 있다
그녀 잘했다고
허공에 동그라미를 치며 간다
불빛이 어둠을 먹고 배가 부르다
나무들도 떨켜를 만들고
떠날 준비를 하고 있다
내 손을 잡은 그녀 꼬리가 차갑다
허공에 발자국 소리와 그녀를 두고
나는 아랫목에 발을 넣고
잡았던 그녀 손을 뎁히고 있다

질경이

길섶에 질경이꽃
엎드린 채 젖고 있다
뿌리 내린 자리마다
짓밟힌 멍 자국

치매 앓는 노모는
숟가락에 얹어 놓은 고기반찬
맛나다 하시며 다 드시고
금세 밥 안 준다 배고프다 타박하신다

막노동꾼 김 씨
소주 한잔에 비가 노래하고
아내 눈에 검불 떼며 속에 돋은 땀띠
꽃에 젖는다

질경이 다시 피워 올릴 꽃대를 위해
꽃잎 터지는 숨소리를 삼키며

무너져 내리는 담벼락

〈
숨죽인 가슴
하숫물 질퍽이는 골목마다
펄럭이는 천막

낮은 땅으로 등 떠밀려
빈 솥단지 세간살이
멍석으로 말아서
수레에 싣고 길 떠난다

꽃을 마시다

손바닥만 한 베란다에
보지 못할 것 같았던
천일홍이 피었다

늦게 씨앗을 뿌려 남들 필 때도
숨죽여 있더니만
붉은 솜사탕을 내민다

이웃집 감나무에 앉은
바람도 한 줌 불러오고
구름은 말려서
하늘 높이 올려놓고
천 일 동안 네 까쓸한 속내를 들을 거야

그 다음 할 일은
겨울이 오는 길이 쓸쓸하지 않도록
몇 송이는 계속 피게 하고
나머지는 목을 꺾을 거야
그리고 포박하여 머리를 거꾸로 매달아

〈
겨우내 동거할 거야

우리 서로 차가워지면
따뜻한 물에 네 몸을 녹여 마실 거야

무도회장

강남은 흐르는 물이 달라
안 가본 제비는 있어도
한 번만 가본 쥐벼룩은 없다

더도 말고 덜도 말고 지금이 딱 좋아
이마에 구슬을 달고 열창이다
얼음 안 풀린 삼월 초 에어컨 가동 중

하늘을 장식한 빨강, 파랑, 연두, 흰색
수백만 개 전구 불빛 파도로 출렁인다
물 찬 제비, 쥐벼룩 여자 손을 잡고 뛰어오른다
불꽃놀이 탁탁거리며 터지고
'마포종점'이 뜨겁게 울려 퍼진다

팔을 벌려 깃발을 흔들고
밤 전차 기적소리를 보낸다

"우리한텐 분위기가 중요하거든
 나 지금 내 나이로 보는 사람 없어"

〉
제비는 허리가 꺾이고
쥐벼룩은 무릎이 깨진다

가벼운 춤은 건강에 도움된다고
여기 오면 마음이 풀리고 화통해진다는
강남 영감

회룡포

뽕뽕다리 아래로 흐르는 내성천
구부러진 소나무 천년 솔향이 흐른다
서산 가는 햇살이 그려내는 윤슬
연서를 써 하트산 우체통에 부친다

버들치 배가사리 물속에서 술래잡기
강가에는 개망초, 쑥부쟁이 말갛게 웃고 있다

사람들은 빨 주 노 초
꽃이 되어 소풍 가고
산과 구름, 강물과 바람
함께 모여 부르는 강물 아리랑

물은 흐르며 몸을 낮추고
꿈꾸기 위해 노을로 간다
회룡포 휘돌아 가는 강 모퉁이에는
은별들이 모래성으로 반짝이고
아이들 소꼽 가시버시 되어 소반 짓고
왜가리가 발자국을 그린다

물티슈의 고백

북구 소트라섬* 해안에
민부리 고래가 누웠다
몸에서 플라스틱이 가득 쏟아졌다

쓰레기가 고래를 죽였다

용서를 구하듯 물티슈로 손 닦고 버린다
생각 없이 쓰다 보니 고래를 죽였다

입는 옷, 과자 봉지, 사탕 봉지
스치로폼 플라스틱에 점령당해 죽어가고 있다

티슈는 종이라서 괜찮겠지 생각했다
아니다 물티슈는 플라스틱이란다

어쩔까 이놈의 플라스틱!
이별을 고하노라

*노르웨이 수도 오슬로의 남서쪽에 있는 섬

살다 보면 부득이

비를 품은 바람이
금정산 무릎을 맴돌다
부처님도 잠든 사이
범어사에 들어선다

산돌림 한바탕 장구 치며 얼쑤 하니
하얀 명주 저고리 가슴에서
날선 칼 한 자루 뽑아 들고
미륵님 코를 벤다

여인의 기도는 오직 아들
계곡 물은 붉게 흐르고
넘치는 자비 손길
꽃비 되어 내린다

어미 배 가르고 나온 탯줄
아카시아 꽃그늘
잠 속에서 열리는 꿈길로
걸어오는 작은 미소

〉
어둠 속에서도
스스로 빛난다는 눈동자
바위에 새겨둔 혈육
억겁에도 지워지지 않는다

사그랑 주머니

황금빛 볕살에 잘 익은 보름달을
어머님 강보에다 둥글게 감싸서
큰아들 아파트 거실
꽃방석에 앉혔다

환해진 거실에서 가족들이 웃는다
하루도 쉬지 않고 흙에서 꽃 피우던
어머님 단풍 볕살에
노을로 붉어졌다

머지않아 흙으로 옮겨 앉을 어머님
당신 몸 부풀려서 자식 입에 넣어 주려
보름달 만삭이 된 몸
혼자서 풀고 있다

큰아들 바라기한 애타는 어미 가슴
누렇게 삭아버린 툭 터진 고무줄에
텅 비운 둥그런 몸속
씨앗사리 쏟았다

책을 덮고 책을 읽다

털실로 조끼를 뜨다 코를 빠뜨린 날
몸이 술술 풀려서
낮잠도 오지 않을 것 같다

바구니에 실 꾸러미를 던지고
실내화가 옆으로 밀어 버리자
컵에 담긴 물이 엎어진다

나는 시치미를 떼고
창으로 엿보는 햇빛을 피하려
책으로 얼굴을 덮고
흔들의자에 누워 시소를 탄다

코바늘이 빠뜨린 코를 찾아
한 땀 한 땀 책장을 넘긴다
햇볕과 구름, 바람이 읽어 주는 행간
감은 눈이 초록 숲에서 잠이 든다

임종

햇볕 쏟아지는 한낮
눈 뜨고 관 속으로 들어갔다
모두 내려놓고
주머니 없는 옷 한 벌 입고
나는 이별을 한다

아껴두고 하지 못한 말들을
귀속에 넣어주고
눈은 버리고 귀만 열어 둔다
남은 각자의 방에선
더이상 붉은 피를 말하지 않는다

엄마가 오동나무 관 속으로 드시기 전
가슴에 얼굴을 묻었는데
따뜻한 온기가 그대로 있어

"엄마 아직 가시지 않았어"
"오빠 엄마 아직 안 가셨어"

〉
그때 기억이 나비 되어 날아왔다
십 분간 죽음을 만나고 와서
온기 나누며 살아야겠다고
쏟아지는 햇살을 가슴에 담았다

울타리를 치다
—제주 4.3 사건

바다로 가는 바람에는 눈물이 있다
동백꽃 머리채 떨구는 해거름에
성산읍 수산리 마을
검은 얼굴들이 총부리를 앞세워 들이쳤다

마을에 들이닥친 총들이
주민들을 학교 마당에 모이게 했다
열아홉 살 마을 청년 누구를 거명하며
'이 사람을 아느냐'고 물었다
열다섯 살 소년이 '우리 형입니다'하자
그 소년에게 총을 쐈다

순간 마을 아낙들이 손에 치마를 잡고
놀라며 강강술래 하는 듯 빙빙 돌았다

숨진 소년의 네 살박이 어린 동생이
형아~ 하려는 찰라
마을 어른들이 입을 막고 치마 속으로 몸을 숨기고
가장자리 아낙들은 진을 치며 강강술래를 불렀다

〉
그 밤 붉은 회오리바람이 불었고
사람들은 보이지 않았다
소년이 벗어 놓은 검정 고무신 곁에
동백 꽃송이 땅에서 붉게 피고 있었다

화아분화

춘란을 키운다
유월에 꽃눈 만들기를 시작하여
이듬해 삼월 잔설이 남은 봄날
푸른 그녀 몸에 꽃잎을 그린다

어둠이 떠도는 밤
검은 귀퉁이를 잘라내고
그녀가 가르마 곱게 선분 그린 잎으로
허공을 채운다

수많은 춘란 중에 관상이 좋은 그녀는
꽃잎 속에 피 묻은 이빨을 감추고
완두콩을 갈라 여섯 쪽을 붙여 놓은 두형 위에
향기로운 낱말들을 매달아 둔다

지난밤 꿈속에 잃어버린 도롱뇽 한 마리
가슴에 빈칸을 채우기 위해
가장 고운 낱말 하나를 고르려 한다
아름다운 말도 갈아서 날을 세우면 칼이 된다

〈
날 선 잎은 얼굴 쓰다듬는 손을 베기도 하지

내 언어는 나의 칼
나의 칼은 춘란을 꽃피우는 일이다

퇴근길

퇴근길에는
이팝나무 꽃그늘이 저녁밥을 짓고
빌딩 숲에서 바쁘게 움직이던 손
장미꽃 한 다발 들고
창틈 불빛을 따라
계단 아래로 미끄러져 간다
지친 어깨들이 같은 방향을 본다
신발 속에 달아나는 시간을 숨기고
화살 시위를 당겨 끌어온 누룽지 냄새
된장찌개 따뜻한 집으로 마음 먼저 보낸다
푸른빛이 달려온다
문이 열리고 달콤하게 녹아나는 소문 속으로
일벌들은 몸을 숨긴다

해설

아직도 별을 쫓는 소녀이고픈

강 영 환 (시인)

해설

아직도 별을 쫓는 소녀이고픈

강 영 환 (시인)

 시란 무엇인가? 그것을 알기 위해 시인들이 시를 쓰는 이유를 짚어보면 이해가 갈 것이다. 시인이 시를 쓰는 이유는 시인마다 각기 다르겠지만 대체적으로 공통의 견해를 보이는 몇 가지가 있다. 첫째가 존재의 의의다. 시인은 자신의 이름을 붙여 발표하는 시에서 자신의 존재 의미를 찾을 수 있다. 그저 아무런 존재의 흔적 없이 이 세상을 살다가는 숱한 사람들보다는 자신의 이름으로 된 시작품을 하나라도 남긴다는 일은 남과 다른 존재의 의미를 찾을 수가 있다. 그리고 그 존재는 자신의 목소리가 담긴 것이며 이 세상에 존재하는 한에는 자신의 목소리를 낼 수가 있다. 자신의 음색뿐만 아니라 자신의 견해를 담은 시를 독자에게 감상할 수 있게 하고 뒤에 오는 미래의 독자들에게도 존재의 의미를 전달해 갈 수 있다. 시인의 존재는 세계의 중심이며 이로써 세상을 능동적으로 혹은 적극적으로 살아갈 수 있게 된다.
 두 번째는 사색하며 살아갈 수 있다는 것이다. 데카르트처럼 사색하며 살아갈 수가 있게 된다. 인간이 지닌 일곱 가지 감정 즉 희, 노, 애, 락, 애, 악, 욕을 사색을 통하여 느낄 수 있고 그것으로부터 벗어날 수 있는 지혜를 얻을 수 있기에 보통 사람들보다는 세상을 느끼는 범위가 다양하고 깊을 뿐 아니라 여타 스트레스로부터 벗어나기가 용이하다. 그리고 종교적 차원의 깨달음이나 삶의 지혜를 전해줄 수 있다. 세 번째로 자신이 느꼈던 감동이나 공감 또는 경이로움을 타인에게 선물할 수가 있으며 자신의 경험이나 생각으로 타인을 즐겁게 해 줄 수 있다. 네 번째로 인간의 진실과 순수한 마음, 사물의 아름다움을 찾아낼 수가 있다. 그리고 상상력을 마음껏 펼칠 수 있으며 자신의 세계를 마음껏 그려볼 수가 있다. 이런저런 이유로 시를 쓴다. 여기에서 느낄 수 있는 것은 시인은 독선적이라는 것이다. 다른 일반 사람들이 갖는 상식적인 생활 태도보다는 쉽게 가질 수 없는 생활 태도를 가지고 앞서 산다는 것이다. 시인의 사유는 앞서가야 하기에 그런 모습을 보여 준다. 앞서 가지 않으면 시를 만날 수가 없다. 그렇기에 어찌보면 시인들이란 이상한 사람일지도 모른다. 화학적으로 합쳐지지 못하고 물에 기름처럼 낯선 생각으로 삶을 표류하는 이방인의 모습이다.

1.

2021년 《부산시단》 신인상에 당선되어 등단한 최순옥 시인은 세상 물정에 때 묻지 않은 순수한 마음을 보여준다. 최순옥 시인의 작품을 보면 동화적 감수성으로 사물을 만나고 있다. 그의 작품에 등장하는 사물들은 몹시 순수하여 맑고 깨끗하다. 그래서 안이 훤히 들여다보이는 모습으로 투명하기까지 하다. 투명하다는 것은 감춤이 없다는 의미다. 속 알맹이까지 다 드러내 보여 줌이다. 그것은 여린 감수성 때문이다. 어린애들이 갖는 순수함이 보여 줄 수 있는 전부다. 덜어내어 감추거나 어떤 트릭을 사용하여 독자에게 고도의 해석력을 요구하거나 하지 않고 이 사물의 속내는 바로 그 것이다라고 직선적으로 드러낸다. 그것이 최순옥 시인이 찾아낸 은유이고 상징이다. 우회적인 장치나 숨김이 없이 보여주는 사물은 자체가 정직한 존재로서 어떤 기교를 부리지 않을 것인가? 의심하는 독자에게는 더 어려운 테제를 던져준다. 곰곰 생각해 보면 그것이 더욱 아름다운 기교라고 보면 된다. 무기교의 기교 속에 침잠하여 없는 듯 있고 있는 듯 없는 최상의 기교를 자신도 모르게 풀어내고 있다. 한마디로 요약하면 최순옥 시인의 첫 시집은 아직도 별을 쫓는 소녀이고픈 설렘을 담고 있지 않나하고 조심스럽게 추측해 본다.

가슴 한 켠에
나래 고이 접어 간직한 모시나비
억만년 빙하를 견디며
달빛 한 올 한 올 엮어 짠
옷 한 벌 준비한다

월산 눈썹달 기다림에 지쳐
서녘 하늘에 하얗게 쓰러지고
텃밭에 냉이꽃 줄기 세우는 날

다시 고이 접은 날개
심장에 피로 돌게하고
몇 광년을 별빛으로 달려
눈산 넘어 흰 머리카락

아지랑이로 피어날 때
모시나비 심장 속 나래
고이 펴 꽃등에 내려앉으리라

정향풀 비취색 별꽃에 앉아
우리에게 사랑할 시간은 나흘
불꽃으로 타올라
억만년 빙하를 녹여
은하수로 흐른다

―「나의 사랑은」 전문

  나의 사랑은 가슴 한 켠에 고이 접어 간직한 모시나비다. 그 나비가 억만년 빙하를 견뎌내고 달빛을 한 올씩 엮어 짠 옷 한 벌 준비한다. 월산에 눈썹달이 기다리다 지쳐 서쪽으로 이우고 텃밭 냉이꽃 꽃대를 세우면 그때 고이 접었던 날개를 펴 심장에 피돌기를 하고 몇 광년의 별빛으로 달려 꽃등에 가서 내려 앉으리라. 정향풀 비취색 별꽃에 앉아 사랑할 시간은 나흘 밖에 남지 않았다. 그 시간 동안 불꽃으로 타올라 억만년 갇혀 살았던 빙하를 녹이고 은하수로 흘러야 한다는 모시나비의 한정된 사랑의 안타까움을 노래한다. 결국 모시나비는 시적 화자를 대신함이며 모시나비가 가진 과학적 생명의 한계를 안타까워하는 직접 화법의 진술인 것이다. 어떤 다른 은유나 상징을 감추지 않고 모시나비의 일생을 그대로 보여 줌으로써 독자로 하여금 사랑이 지닌 한계점을 인식하게 하는 내용이다. 모시나비를 상징으로 내세운 최순옥 시인의 시가 가진 표현 방식 중 하나이다.

  최순옥 시인의 시에는 '소녀'와 유독 '별'이라는 단어가 많이 등장한다. 소녀는 과거 공간을 지칭하는 언어이며 '별'은 현실 생활의 언어가 아닌 상상 속의 언어다. 소녀는 미래를 꿈꾸는 역할로 과거를 초대하는 실재이며 꿈이다. 꿈은 어린이나 젊은 사람들이 많이 간직하는 언어이며 '별'은 가닿을 수 없는 이상향이다. 별은 어른들에게는 허황된 세계가 된다. 그러나 별을 쫓는 어른이라면 그 어른은 아직도 젊은 감수성의 소유자라 불러도 좋을 것이다. 때 묻지 않은 순수한 사람일수록 꿈꾸고 별을 찾아다니는 것이다. 시인이 그런 부류에 속하는 사람이다. 아직 철들지 않은 사람, 사회생활에 부적응인 사람, 자기 삶에 아직 만족하지 못하는 사람, 생떽쥐뻬리의 동화 「어린 왕자」의 주인공과 같은 사람이 아닐 수 없다. 최순옥 시인이 아름다운 이유에 시가 그 배후다.

  어둠이 방을 가득 채운다
  사방은 고요하다
  열어 놓은 창문으로 별을 초대한다
  고백하기 좋은 밤이다
  별에게 사랑한다고 썼다
  아니 미워한다고 썼다
  한 문장을 써 놓고 눈을 부비고
  한 연을 써 놓고 잠에 취한 나를 흔든다
  내 속을 긁어내는 소리를 별이 듣는다
  누구 때문에 잠을 떨친 밤을 새우며
  내 이름을 부르고 있는가

빛 밝으면 별은 황급히 가버리지
나는 그런 별이 못내 아프기도 하여
내 가슴에 품기로 한다
설익은 글자 막 시작하는 햇사랑
밤새운 내 눈이 충혈로 물들지라도
까만 속 풀어 헤치고
산고를 기꺼이 맞이한다

—「어둠을 읽다」 전문

  어둠이 방을 가득 채운다. 어둠은 고요할 뿐 아니라 두려움을 가져오는 존재다. 그래서 열어 놓은 창문으로 별을 초대한다. 별은 오래전부터 마음 안에 키워 온 친구였다. 아니면 사랑을 고백해도 좋을 믿음직한 상대다. 고요하고 두려운 어둠 속에서 별에게 사랑한다고 고백한다. 그리고 이내 미워한다고 고백한다. 그 미움은 사랑이 지극해져 나타나는 미움이다. 한 문장을 써놓고 눈을 부비고 한 연을 써놓고 잠에 취한 자신을 흔든다. 사랑 고백을 쓰는 어려움이 내 속을 긁어 낸다. 그 소리를 별이 듣는다. 누구 때문에 잠을 떨친 밤을 지새우며 내 이름을 부르는가. 아직 사랑 고백을 다 쓰지도 못했는데 빛이 밝아져 별은 황급히 떠나버리고 그런 별이 못내 아파 가슴에 품기로 했다. 막 시작하는 햇사랑을 간직한다. 밤새운 눈이 충혈되어도 까맣게 타들어 간 속을 풀어 놓고 별을 잉태하는 산고를 기꺼이 맞이한다. 이 작품에서 별이 가르키는 것은 한 편의 시로 보인다. 시 쓰기의 어려움을 별과의 사랑 고백으로 풀어내고 있다. 최순옥 시인에게 있어서 시는 별과 나누는 사랑과도 같은 아름답고 고귀한 것으로 여긴다. 그까짓 시가 뭐라고 밤잠 안 자고 까맣게 지새우며 풋풋한 이야기를 써낼까? 시를 위해 온몸을 투사하는 맑고 순수한 영혼의 소유자임을 느낄 수가 있다. 최순옥 시인이 별을 초대하고 있는 작품들을 살펴보면 아래와 같다.

밤하늘 은하수/조각배를 띄우고/노를 저어 가자(「배꽃 접」)

밤 별빛과 밀어를 나누는/깃털을 베고 잠이 든다(「사파이어 녹색 부전나비」)

깊은 물고기 눈을 가졌으니/물가에서 생겨났을까/빛을 달고 온 별인가…나도 날개 돋아 비상하는 별을 생각한다(「반딧불이 얼굴」)

어둠 속으로 굴렁쇠를 굴리며 뛰어가/별에 빗장을 열고/별 속에 나를 밀어 넣자....별똥별 하나가 달맞이꽃 앞에서/탁 탁 꽃잎을 연다(「직녀에게」)

침묵이 가시 돋친 목젖을 타고/부드러운 바람으로 다가와/눈물은 별이 된다(「팥빙수를 먹으며」)

하늘과 땅이 서로 자리를 바꾸어 보면/땅에도 별이 뜬다(「폭풍주의보」)

해가 뜨고 바람이 부는 일처럼/소소한 가지가지 그리움은 별이 되어 반짝이고 (「행간을 걷다」)〉

큰북을 치며 별빛 아래 춤추었다(「능소화 꽃 기침」)

가지 끝에 비춰 하늘/나를 피운다/네가 되어 별이 뜬다(「나팔꽃 손을 잡다」)

별빛은 어둠이 모여/살빛 조각들을 박음질한 눈물자국이다(「눈물이 별을 키운다」)

두통이 시작되는 밤/꽃잎들이 별을 끌어당겼다/어둠 속에서 별들은 눈을 떴다(「내게 오지 않는 것들」)

동그란 유리 속을 나온 꽃잎/사막 별빛을 따라가고 있다(「모래시계」)

가을바람에 옷자락 숨기듯/몰려가서 별이 된다…아직 남은 사랑이 있다면/이대로 검은 하늘 속에 묻혀/어둠을 쪼아먹는 별로 뜨리라(「까치밥」)

어둠이 내려앉으려는 데/별들이 먼저와 불을 피운다…단풍 가지 꺾어 땅에 떨어진 별들을/찔러대는 눈물이 옷깃을 여미는데(「눈치 없는 나뭇잎」)

외따로 사는 눈빛 푸른 별 마을/그곳에 가려면 구름 기차를 타야 한다…보자기에 햇빛을 가득 담아/별 마을에 가져다주기로 한다(「달리는 구름 기차」)

어깨 위로 별들이 떨어진다(「묘박지」)

둘러싼 구름이 흔들리고/별은 잠들기 위해 숨는다(「월식」)

가다 보면 한 층 한 층 별에 닿기 위해/손을 힘차게 뻗쳐야 할 때가 있다(「무빙워크」)

물은 흐르며 몸을 낮추고/꿈꾸기 위해 노을로 간다/회룡포 휘돌아 가는 강 모퉁이에는/은별들이 모래성으로 반짝이고(「회룡포」)

최순옥 시인의 작품을 읽어 가면서 드는 생각으로 '별은 언제 나오는가'였다. 최순옥 시인에게 별은 비유법의 원형으로 도달하고 싶은 유토피아, 구원자, 도피처 등 다양한 의미를 지닌 상징이다. 원형으로 별을 차용함으로서 손쉽게 이미지의 탈출을 도모한다. 최순옥 시인이 풀어내야 할 과제일 것이다. 별은 추상성에 경도된 사물이다. 별은 막연한 이상향으로 쉽게 숨어버릴 수 있는 의미다. 별을 제한적 의미로 사용할 때 그 효용가치는 증대된다. 그 점에 유의해야 하리라 본다. 최순옥 시인의 또다른 관점으로 빛나는 부분이라면 서사 구조를 도입하여 삶의 리얼리티를 쉽게 전달해 준다는 것이다.

바다는 화가 나면 밥상을 엎었다
문을 활짝 열고 마당으로 냅다 상을 던졌다
멸치가 소리쳤다

"바다 나빠요!"

순간 바다는 얼굴이 붉어져 집을 나갔다
식구들이 모두 잠든 후에
비틀거리는 게걸음으로 슬그머니 들어왔다

늦잠을 잔 바다
수평선이 함께 누워있고
바다에 비친 윤슬이 반짝이고 있다
몇 년 뒤 그 버릇이 또 도졌다

이번엔 주방에 끓여 놓은
가자미 미역국 솥을 공처럼 찼다
애써 끓인 국이 엎어져 속상해
가자미가 바다에게 고함을 쳤다
"하늘이 미워요!"

바다는 순간 얼음이 되었다
부끄러워 고개를 숙이고 집 밖으로 나갔다
한밤중이 되어서 들어온 바다 앞에
가자미가 무릎을 꿇고 용서를 빌었다

"잘못했어요"

바다는 손사래 치면서
다시는 이러지 않겠다고
눈물을 흘렸다

―「푸른 멀미」 전문

  이 작품은 한 편의 동화 같은 구조를 지녔다. 시 속에 스토리를 담고 있고 멸치와 가자미를 시적 화자로 등장시키면서 활유법을 차용한다. 첫 구절에 '밥상을 엎었다'가 당돌하다. 식구들 중에서 밥상을 엎을 수 있는 이는 가장이다. 바다를 가장에 비유하여 폭력성을 드러낸다. 심지어 방문을 열고 마당으로 밥상을 내던진다. 이런 패악질은 아이들에게는 심한 폭력이며 가혹행위다. 그래서 가장 작고 힘없는 멸치가 바다에게 항변한다. 멸치는 아이의 은유다. 바다 나빠요. 아이의 항변에 가장은 부끄러워 슬그머니 밖으로 피신한다. 그리고는 밤늦게 술을 마시고 게걸음으로 귀가한다. 그 뒤에 바다에 평화가 찾아 온다. 윤슬이 반짝이고 수평선이 함께 누워 있다. 그렇지만 평화는 오래 가지 못하고 그 버릇이 도졌다. 부엌에 끓여 놓은 가자미 미역국을 발로 차버렸다. 가자미는 아내의 은유이다. 아내가 애써 끓인 가자미미역국을 쏟아 버렸고 쏟아진 미역국 속 가자미가 바다에게 고함을 친다. '하늘이 미워요'라고. 집 안에서 하늘은 가장이다. 가장은 부끄러워 다시 집 밖으로 나가고 밤늦게 돌아온 바다에게 가자미는 무릎을 꿇고 용서를 빈다. '잘못했어요' 정작 잘못은 바다가 했다. 그런데 용서를 빈 것은 가자미다. 권위적인 가부장적인 가정의 비유다. 바다도 염치는 있다. 바다는 깊이 반성하고 다시는 그러지 않겠노라고 눈물로 다짐을 한다. 이렇게 장황한 서사를 꾸려 놓았다. 바다는 가장이며 멸치는 이 집안 아들로 보인다. 가자미는 어머니로 볼 수 있다. 이렇게 나타나는 서사는 동화의 한 모습으로 읽혀진다. 내가 겪어온 바로 최순옥 시인은 가냘픈 심성으로 언제나 조용조용하며 아동과 같은 심성을 가진 것으로 보인다. 이 작품에서도 바다와 같은 가장의 횡포를 읽어 낼 수 있는 것도 바로 아동과 같은 심리상태가 아니면 힘들 것이다. 오래전 우리나라가 궁핍한 시대 때 가난한 집의 가장은 자신이 가진 것이 없으므로 가족들에게 분노를 풀어내는 것으로 일거리를 삼는 경우가 많았다. 최순옥 시인이 그런 과거 공간을 소환해서 아름다운 동화를 써낸 것은 사물에 대한 깊은 통찰력의 결과물로 여겨진다.

    여우비 내게로 온다
    무릎에 앉는다
    손등을 간지린다
    긴 꼬리 귓불을 스친다
    간지럽다

〉
풍선 속에 몸을 숨겨
겨울 숲 지나온 길
돌고 돌아와 살랑거리며
귀엣말 흥얼거리며
숲속을 날아다닌다

여우비 내게로 온다
팔짱을 끼고 걸어보라 한다
어느 길이던가
풍선은 자꾸 도망간다
붙잡아야 하는데
어떡하지
꼬리를 잡았는데
빈손만 젖어 있다

—「봄비」 전문

  여우비는 햇빛이 반짝 났을 때 간간이 뿌리며 지나가는 비를 일컫는다. 비를 맞기도 그렇고 우산을 받쳐 쓰기도 그런 어정쩡한 비다. 그 여우비가 내게 와서 무릎에 앉는다. 무릎에 앉힐 수 있는 친숙한 손자의 모습이다. 비는 손등을 간지럽히고 꼬리털로 귓불을 스친다. 간지럼을 느낄 정도다. 여우비는 풍선 속에 들어 겨울 숲을 지나왔다. 그리고 귀엣말로 속삭이며 숲속을 날아다닌다. 종내에는 팔짱을 끼고 걸어보라고 한다. 어느 길에 들어서서는 자꾸 달아난다. 그것은 풍선 속이기에 그렇다. 풍선을 붙들어야 하는데 꼬리를 잡았는데 빠져나간다. 꼬리는 여우 꼬리다. 빠져나간 뒤 손은 비어있고 젖어 있다. 여우비란 손에 잡힌 것 같은데 어느새 빠져나가고 없는 비의 존재인 것이다. 이런 표현은 형상화가 잘된 것이다. 봄에 자주 오는 비가 봄비이다. 봄비와 여우의 결합으로 여우비를 선택한 것이 멋스럽다.

2.
최순옥 시인의 서사는 제주 4.3 항쟁의 역사를 구체적인 사실을 가져와 아픈 현장을 증언하기도 한다.

마을에 들이닥친 총들이/주민들을 학교 마당에 모이게 했다/열아홉 살 마을 청년 누구를 거명하며/ '이 사람을 아느냐'고 물었다
열다섯 살 소년이 '우리 형입니다'하자/그 소년에게 총을 쐈다
―「울타리를 치다」 부분

실제 일어난 상황을 감정 노출 없이 객관적 시점으로 그대로 보여 준다. 자칫 감정에 치우치기 쉬운 아픈 현장을 제 3자적 시점으로 잡아내어 국가 권력의 무모한 학살을 보여 준 것이다. 최순옥 시인의 리얼리티는 비단 이것만이 아니다. 환경오염으로 몸살을 앓고 있는 지구의 아픔까지도 형상화해 낸다. 함께 사는 지구의 환경 훼손을 드러내 보여 주는 것은 시인으로서 갖춰야 할 시 정신에 속한다면 너무 나간 것일까? 지구의 아픔에 동참하는 시인의 모습은 지극히 당연한 모습일 것이다. 그런 마음 씀씀이가 최순옥 시인으로 하여금 시를 쓰게 한 원동력일 수 있다.

북구 소트라섬* 해안에/민부리 고래가 누웠다/몸에서 플라스틱
이 가득 쏟아졌다

―「물티슈의 고백」 앞부분

　이 사실은 언론 보도를 통해 얻은 간접 경험일 것이다. 해양 오염의 실태를 극명하게 보여주는 작품이다. 최순옥 시인의 사회에 대한 발언은 여기에서 그치지 않는다. 그의 시선은 탈북민과 독거 노인에 대한 아픈 소외도 잊지 않는다.

　가시 투구에 햇볕을 못 본 가슴이 시려/검은 외투 휘장으로 두르고 누웠다/곁에는 먹다 만 소주병이 눈물로 남아있고/가족 없는 숟가락을 일기장에 담아 놓았다

―「독거」 부분

　북한을 탈출하여 남한으로 이주해 온 탈북민 이덕행 씨가 혼자 살다가 고독사를 당해 장례를 구청에서 대신 치러주는 사실을 써낸 작품이다. 시인의 시선은 사물에만 머물러 있지 않고 우리 사회를 관통하는 인류 공동체의 문제들을 짚어낸다. 그리고 사회의 가장 기본 되는 가정의 문제도 지나치지 않는다. 가정의 중심은 부부이며 가정의 화목은 부부의 사랑이 이뤄내는 행복을 찾는 것이다. 그것이 최순옥 시인이 찾고자 하는 유토피아이며 별에 가닿는 세계인 것이다. 최순옥 시인은 따뜻하고 애틋한 믿음을 나누는 부부애에 대한 소묘도 잊지 않는다.

　분주히 차린 봄 향이 미소로 다가와/남편에게 말했다

//"행복해요 이 순간이…"
//"그래요 이렇게 아프지 말고 오래 같이 행복합시다"

—「문을 열고」 뒷부분

  시장을 봐와서 각시 먹이려고 전복죽을 끓여 와/햇살을 마주하고 먹으란다/죽 한술에 햇살 반찬 얹어 먹는다/속이 따뜻해 온다/비워진 그릇 속에 들어찬 햇살이 속삭인다//"아프지 말고 맛나게 살아"

—「햇살」 뒷부분

  감동적인 부부애가 넘치는 작품들이다. 두 작품이 모두 아파서 일을 못하는 아내에게 남편이 밥상을 차리고 함께 밥을 먹으면서 나누는 따뜻한 눈빛이 전해져 온다. '아프지 말고 맛나게 살아라'는 말은 햇살이 하는 말이 아니라 밥상을 차려준 고마운 남편이 아내에게 전하는 사랑의 밀어다. 뒤의 작품에서도 아픈 아내를 위해 전복죽을 끓여와 햇살을 마주하고 먹으라고 말하는 남편의 사랑에 울컥한 감동을 선물한다. 이런 부부애를 앞세우는 최순옥 시인은 마음이 따뜻한 시인이다. 그 따뜻함은 고생하는 아내에게 남편이 보내는 위로와 사랑에서 비롯됨을 너무나도 잘 알고 있다.

  거울은 마법사다
  머리에서 꼬부라진 새끼발가락까지
  길어진 속눈썹에 면봉을 얹고
  입 꼬리 살짝 올라가는 것을 알고 있다

젖은 머리를 말리며
안타까이 빠져나가는 머리카락을
한 올 한 올 손바닥에 버리고
모자 속에 비밀을 잠근다

그대 마법은 파도 같은 것
파도가 켜는 현은 높았다 낮았다
온몸 간지럼 태운다
그만 숨김없이 다 말한다
단추를 풀고 옹이 쓰린 속을 내 보인다

마법이 쓸고 간 그 자리
하늘이 맑다

―「거울이 설레다」 전문

　외출하기 위해 화장대에 앉는다. 거울 앞이다. 마주한 거울은 마법사와 같은 존재다. 나의 모든 상태를 다 알고 있다. 머리끝부터 구부러진 발가락까지 그리고 속눈썹에 면봉을 얹고 미소를 만들기 위해 입꼬리를 드는 것까지 알고 있는 거울은 마법사와 같은 존재다. 젖은 머리카락을 말릴 때 한 올씩 빠져나가는 머리카락을 손에 쥐고 모자로 탈모를 감추는 것까지 거울은 알고 있다. 거울의 마법은 파도 같다. 밝히기도 하고 숨기기도 하는 거울의 마법은 애간장을 태운다. 그렇게 번민하다가 비밀은 존재하지 않는 거라며 숨길 것 없이 터놓자고 한다. 단추를 풀고 쓰린 속을 내보인다. 그렇게 거울은 내게 마법을 걸어 숨김없이 살라고 한다. 그렇게 가식 없이 내보였을 때 비로소 하늘이 맑은 걸 느낀다. 거울은 가감없이 사실을 비춰 보여 준다는 것을 말하고 싶은 것이다. 거울이 지닌 의미를 넘어서 또 다른 의미를 캐내고 있음을 느낀다. 단순한 거울이 아닌 마법사 같은 거울 이미지를 만든 것이다. 거울에 대한 세심한 관찰 없이는 또는 관찰 그 이상의 의미를 발견하지 않고서는 나올 수 없는 작품이다. 시인은 언제나 사물이 가진 의미 그 이상을 찾아 들어가야 하는 발견자다. 최순옥 시인이 거울이 설레는 걸 발견하는 것은 순전히 세심한 관찰의 결과이리라. 최순옥 시인의 첫 시집 출간을 축하드리며 끊임없는 정진으로 더 크고 높은 세계를 구축해 나가기를 바라마지 않는다.